I0754012

EL LECTOR DE NÚVOLS

Albert Pellicer

1ª edició: Desembre 2012

ISBN: 978-84-939787-4-7
Dipòsit legal: B-18942-2012

www.omniabooks.com

Imprès per Createspace

“*La lecture comme une pratique désespérée.*”

Stéphane Mallarmé

Índex

Pròleg

Conèixer i reconèixer el terreny amb la veu que no es veu.
Des de fora els estels on encara (connaissance)

romanen les ombres : l'astrolabi : (reconnaissance) : el traç de l'eco : l'ombra recta : arquitectura per mesurar altures : distàncies o profunditats.

Agafador d'estels : un terrat.

Els mots nòmades i il·legals: anomenats : o : d'una altra banda la llengua despaperada : oferint : cercant orificis per reflectir i habitar el text porós del traç : orar l'inrevés de fang. Saliva. Quan em giro / cap a tu : l'estimada / la terra acaba i comença la mar : o d'altra banda l'aigua es desfà i és la terra que comença escumada a parlar :

papers / sense papers / per ésser :

(la paraula en la qual es col·loca el poeta, per a què l'useu com a espai : / omplir els buits / és envoltat per gafets : lluna amagada : disponible només si llegiu la buidor que omple : superficial: ones : o : ona sinusoidal : encanteri : o : soroll i núvols.

Viure amagat a un terrat : en una caseta : els llavis desdiuen un cop despremsats : alliberant el cos que lletrejo

l'espai escrit i imprès : tatxat: conté dues pàgines desplegables / tatxat ara apareig l'altra :

el nu de la forma i el timbre : resona aquí : un amagatall :
sostingut per agulles de fusta que són hàbits : membres : la
roba : entendre : desentendre-la : sumergida sota un cel :
també la-noia-que-l'estén : i troba : seu el nom : propi :
i propici : plou a prop molt a prop en dins : terrat :

temps era temps de sol i falenes quan arribà :

per llegir tres passats indicatius : núvols implícits en els
diàlegs

/ comes / coloms en un dia solar : tan sols lluna a la plaça del
temps parat : encarnat : llansolat

(   )   : (   ) : ( ) : ( )

Cant I

(núvol) : (núvol) teulades : truncades : (núvol)

terrat cumulós : trencat :

que em duu (murs) : fragments de vol d'ocells :   : caliu de somni : text :

d'aire :

caire de fang :   :   : anant a joc : cantonades

=======================================

(gos : silenci brodant : la ciutat)

fa

un somni : encara : llevar-te la roba : oratge de migdia : a l'hora que puges : al sol : nocturna :

desvetllant en un alè : teixits glandulars : mugrons de lluna gestant matins :

germinada : la ciutat : concèntrica :

ara desvestida : desfilant :

el caliu ordit : per desembrollar la brusa : d'ahir : suburbi : nansat :

avanç :

raó estesa : avui : agafats : un cantó de llençols:

moll de mar : pendent d'indrets : refregats:

arrugats : els sorolls despertats :

trànsit llunyà de pluja : racons amb hores d'estiu : a les afores :

escombraries posseïdes : l'aire tebi : vol fingit : abaixat :

a un barri : teler vell : replegat d'esborses : on s'entrellacen : nusos nus :

horòscops de diaris arrossegats : despullant el cel antic

d'oli.

Trobar el reflex refugiat : ara : dels estels narrats : de sobte aquí encesos :

així puntejats : safareig de mirades afegides: sortidor fugisser

on

l'aigua

renta i

rega

despulles :

robatoris de falenes : foragitant : pits omplerts : mots simètrics :

: : d'acollida :

fins a la vora (d'un cap vespre sense pronuncia) de la mar a
l'horitzó

(petit observatori)

ennuvolat : assumides les libèl·lules : submergides : ara: aquí
entre l'aigua i

els teus

nuvóls de paper figurat :

que em-dones : per fer arribar a port (tots) els mots

i ens emporten dalt : els munts escombrats de tots els papers.

On escric : l'horitzó truncat amb rajoles i guix : passa ondulat
el temps de sorra i fòssil :

línies sil·làbiques: elèctriques al llarg del dia

fins tornar l'escuma obliqua :

la parla trencada: salivada :

l'onada : narrada :

l'instrument de la mar : ressona dins una barraca :

cruïlla a la nit : per sentir els grills :

intermitents :

un terrat sense llum : les

constel·lacions : el titil·lant de papallones : de nit i nit

pampallugues : de neó urgents : cruïlla també d'abraços : des

de aquí d'alt : la plaça d'un cop d'aire : cercle a baix : a terra

: :

.

.

(cavall : de capdavall a dalt)

recull de

l'atzar

orins :

esquitxos de carrers.

Les cortines : de núvols tremolen :

cap amunt : vapor escumat :

sorra : de cop la rutina (naval) : les onades

exercint l'onatge : el enraonar dels gats

inexistents per les teulades :

(llaunes de grills : bicicletes) ensorrades :

avui a :

ahir de :

demà :

amaga mans demanant: el que era : ara :

esborro i afegeixo:

guardo : l'espera

en aquest allotjar-se : el mot no parlat trenca
minúscules

les troballes.

Cant II

(núvol)

giravolts

=========================

(l'home que menjava temps)

vers la platja : el núvol de la saviesa : els amants lluers : t'ho diu l'aire com

una àvia : entesa : lapislàtzuli : adormit a la gayonta del llavis :

escrits recuperats d'espais declinats : tinta atrafegada : i de terra cuita : vol d'abelles :

rusc : escrit sumeri: les sirenes d'un naufragi per sortir al

sol :

caderes : de quatre cames : càntics (àmfores) de lluna plena.

Espiada la finestra ritual. La llum força la llengua : el destí :

l'oblit del

llit a la nit

de mel: el niu de saliva, fang i sorra de cop :

antulls neònics : romanen res : els dits troben la casualitat i coincideixen amb tu les llunes : el melic de carn adormida :

el batec d'ales : cap l'infantesa : el vaixell de vela: el desig guardat :

les bosses de plàstic arraconades :

per portar-me (mostrar-me) quelcom que vas dir

(sirenes d'amunt l'aire -- sirenes i carrers).

De l'osculació dels fils

l'hort del fruit exposa cuidat

la sorra mullada : cos urbà

pluja de sorra plora :

no hi ha res prou: res plou : com solució :

plou quan de cada cop

d'ésser somiat la llengua humida, *hummingbird*:

vergasseja el vol

suspès : vol vibrant (vol batut) d'ocells tornant a joc daurats :
cançó :

el cor cau adormit sense objectes : de nit :

sense cap mecanisme : ombres tacades :

del guixot manquen els sens esbossats :
descurats de
pol·len d'aquest laberint cosit amb fils de
llapis : de colors : vers : els

llavis oberts vermells :

peus : veus: llengües sordes :

la sortida del treball : el somni fet a mà

t'escolto a prop d'aquest onatge

a la cambra d'un art d'escrit :   :

sense lligams a les paraules :

en aquest vespre d'estels : ennuvolat

entre-sorolls esperant l'espiral de cargol : fa cinc minuts

en aquesta pàgina a bord la nau absurda.

Tots plegats éssers de :   :

paper dins l'escuma :

encoberts : el felins de nit oberta : ninetes verticals :

estimades : les ones no et desassosseguen però desfan
qualsevol altre règim

pensat : imposat : imparable

Cant III

(núvol)

                ( ) sud

=======================

(núvol d'un núvol nu).

Qualsevol núvol

quan es volen : núvols :

perquè et duguin a la mar : nua nau nua suau suo

estorarà : els dits que han dit

a la llum on erra la calor d'alè : troballes per escoltar

falenes humides : trons d'ales

on transparència la nit al dia nerviosa: traduint antulls

d'allò que ha estat escrit o dit

(trobar-se per estendre la roba)

el poeta : sense papers

et dóna : el teu cos femení :

com un petó : d'acomiadament

disbauxa : les butxaques buidades de llunes

i sols guardant el camí : a mitges :

cames que conjugant en estat d'abandonament :

trobar-se per estendre la roba

i t'escric el rellotge de sol dins l'atmosfera quan obra

el secret a la babalà :

de lladres els contes

donant les quaranta :

és migdia a la plaça on

les agulles del rellotge

es troben a la còpula del temps

com insectes de calor plens de lluna

abans que hi toquin els verbs el pas

de les mans pel passat

a l'hora de fer-ho tot : com

dormir somiat.

Cant IV

(núvol)

robador (trobar-te)

============

(un paràgraf estès)

El teler \ i els cants de les lletres /

que són la geometria del so en \

aquest paràgraf : un teixit / de mots transparents / deixa : el \

vespre de tot sense sentit \ aquest paràgraf és un teixit /

de paraules \ sense sentit \ una nit entrada / endarrera /

soroll de tons \ atònics tons / aquest paràgraf \

és una peça teixida \ amb mots de cos escrit /a cos sense \
destí /

sense to ni so : la història : la nit de grills \ el mig / aquest \
paràgraf / nit cau \

al vell \

teler /

com llenguatge de màquina \

que no tecleja però deixa empremtes i digits / ordenats / /

lletres

per enfilar els carrers:

nau

noia nua

aidant ones

nau dona nua

cos batut per sols i llunes

noia retallant nudesa

nua

nau nua

beutat de nina

estripant l'aigua antiga

escolto la nit del llit

la tardor de les faldilles

mig escolto els crits de les gavines

l'espai anant a joc

tot color terra cuita

garlant

et mous a corre-cuita

gàrgolan

xano-xano

bassals

clapotejant

cos ple de lluna

arrossegant des de lluny llum plena

garibots garibots

entresuor d'estels

atrabiliari de blaus

blues

jazz

ja

ara cinc

tràfecs pàl·lids de lluna vermella

graten sorra sorda amb gestes antics

vuit cossos buits

nova nau de to nou

el mar del quasi

i del gairebé

el mig

robatori d'arnes

batxillejant la foscor
frec a frec
ta roba despullada
a la cadira proper
llençols tossuts
endarrerits i eldarullers
cercant la troballa
dels gèneres nodrits

mig escolto xarraires arrugades
estones de dones a prop del mar
dances fredes de xafugor
soroll de bracelets rovellats
la mà enyora les paraules

l'òrbita del mot i el verb

capgròs

tres colors

set olors

(...) fusta (...) draps (...) calaix

damunt mig mitges mitjanit

cames de seda enfilades

la llum diu antulls

a les falenes

ones de cop daurades

sense història ara

per un nus riuler

aïllat a la mar d'una cambra antiga

nua nit

dibuixat a la paret

trobo el teu vers estirat

d'espatlles mig cobert amb sorra

d'aigua l'os de carn viva

i pedra adormida

arrossegat el temps amb un crit clos

que estima un munt d'inharmonia i disbauxa

diguem

que són antòlegs d'estels

els reflexes que brollen del antull

a la brossada de les coses impossibles o tingudes per impossibles :

és l'hora del cop de fulles i de la finestra trencada.

El llangardaix que descriu l'òrbita del mot cercant la boca : el ritme

tria la parla : la pronúncia dels núvols : plou a la sorra perdura

:   :   accentuada

d'interrogants amb punts sense paraules :

porta l'aigua el futur desplegat :

oberta :

i

la dansa : que el pes

de la fulla enfonsa : l’hora profunda de plomes :

els ocells que volen per tornar .

Cant V

(Terracuita als bassals) les mans : ahir : cartrons

========================

Puges al terrat abandonada :   :

fem un cafè

amb reflex de lluna minvant

que t'il·lumina.

La memòria del darrer quart on guardes

l'inutilitat del llenguatge on

remugo amb la basarda : escampant

els moments i remoc els mots :

arrenglats els bassals :

emmirallen una remor de veus :

conto els esglaons de l'escala

com si fossin dies de calendari : fins aquí

dels instants complerts : fins on arriba el cos :

un altre cop.

Els moments

semblen

un viatge per començar

encara

que el carrer sigui el mateix i els balcons

encarats t'estimin : funambulisme immortal : el rellotge sense oscil·lar :

penjat en el terrat : ocells dins les hores dels dits marcats :

venen veus de mots i d'altres objectes : hi ha llum : els túnels : les víctimes

d'amor de mar.

El colom de la plaça de sanefes : és una ombra a l'estació : un viatge : cap al

teu : nom.

Són les formigues del passat endautades

que duen llavors : el granit de pedra a la
foguera

sense adreça : la pedra ferida : ara ha trobat la calor : de la soledat : el tir : a

contratemps : s'estén pels carrers : de la vora (hem de prendre'ns-ho com

desenes de desitjos)

els terrats

mullats

transporten un caire de sentiment.

Encaixen :   :

el poemes d'aigua quan es fusionen amb núvols : donen a

entendre al líquid : l'únic compost

que pot estar en els tres estats :

i una mica de gaubança : triada

sense adreça: com un curtmetratge mut

les celles : el ulls : les cames

visionades : tres coses que s'acostessin com un somni :

però d'una vegada.

Cadires d'un record : la conversa : inventar allò de les paraules : no ho

recordo que plogués : prosseguien estats : la més

petita influència sobre res

: l'absència :

que no diu cap cosa : que no revela cap

lloc

melangiós

de rialles : que un sàpiga : emigra :

negaré haver-ho vist

llegir totes les veus que he anat confegint

com un recull de pols

o quelcom semblant

i a les hores

tornar-m'hi a apropar

a la sorra del soroll.

Avancen els versos cap

a una altra finestra :

xivarri de poemes i dits endormiscats.

L'anhel (quan no hi ets) potser sense

haver passat per enlloc

esllavissa : els murs

panteixant la lluna enllumenada

per una espurna

tot llisca

l'inrevés : un cordill amb el transcurs del temps : llavors

profusament

se sumen als cels serens : els cants de sirenes :

en perill :

engendrament que hom rebutja :

però es parlen les llengües d'enamorats i

s'envolten : tu afluixes i

vas cap amunt

desfigures les rajoles et poses al llom

d'un llibre que és dut posat : un diccionari

de rellotges que es dissol a l'implorar : els temps

esquerdats :

d'agitació :

d'intel·ligència :

de l'error de càlcul :

quedo entrampat.

Esclarissada : una fugida ràpida

de teulada : els escrits a la mà :

el que aguantes és realitat : descobriment

d'un núvol nou :

pòsits de les trobades

tenies raó

que cal

el poema

estigui del revés

d'esquena a terra : el terrat

rajolat : embarcat :

l'argument mullat : els núvols d'escriure't

creuen en el teu

món : enlluernen veus de les teulades : quan

han de davallar les mirades

vers el mur : escletxa en el cos : t'envejo els sons antics en l'ésser

emplenat de nit : els pits : habitats

l'inabastable balada de la papallona crepuscular : finestrells

de pol·len :

indesxifrable : onegin nu núvol i

en acostar-m'hi m'he adonat : he mirat el

somni de mitjanit : per fer-ne cas de reüll : al viatge foll.

Foc follet a l'escala : sóc un naùfrag, un polissó, una salutació

que s'enfonsa i

s'ofega : una nau antiga

que s'apaga a les onze del vespre : crien lladres

a la foscor

del mur que porta arrels marcades per esglaons : cràters de
lluna.

Conto les estacions : la meva cambra : aquesta caseta de dalt
al terrat on els

avis solien venir : la forma capil·lar : de longitud

indefinida.

Xerrada

i els sols s'esguarden de repetir els núvols cada nit

i matí com una pregaria:

un telèfon mòbil sona ocupat en amor a la distància.

Sosté la declinació : el present indicatiu damunt la ciutat: oblidar fins que el

sol lliuri la jugada magistral : fora de mi : de nit somiant el dia :

Cant VI

The Cloud Reader :

====================== (   )

Every time I watch the sky

the waves

syllabic spume

from retreating the word ...

...ONCE

Far more *a thousand times*

ONCE

a puddle reflected a kind transparency

here

to a pond of sun narrowed

the blue of nuance

the cloud

drawing imaginable

the clarity of the wind

be

it's the end of the month's narration

come

Once

into somebody else's sky

to hear the verb of some other

I say come in sit down by the smell of seaweed

but we cannot swim that way for time

every vertical never

Once there was once

a moment of waves

unlike now

from the attic needing words

a distant window reading a

a silent movie

I know the plane landed on the window-sill

I know what the clown said

at the appeared circus

in the common we

the verbal matter

lowered the sky to ceiling

in the curious determination

of a choice

Once a day

Soon the season of no commas.

Once

the season of no full stops

soon the season of exclamation marks.

Once

the season of questions

why

at the main square

the hands of the tower clock loom

overlap copulate seconds

past midnight become verb

there are no outdoors

one ceiling

in this geography of grimace

insects on the tiles with letters scurry

I must write to you
in case something else shifts

but is saying something doing something?

And how is saying something doing something?

what can I do with the words?

Once

the dream of clouds

mistaken then taken

petals and jobs

as I climb the steps

debris let's build from debris then

and prisons to open on Sundays

a good night kiss locks you out

I'll leave tonight

I'm losing weight to rise

in a dream

tight-rope walk in present tense between walls

repeatedly

A paperless poet [.]

A plastic bag when shops are closed [.]

In this unknowing [.]

This that I have now.

Cant VII

(La tardor de les faldilles : els voltants :

les cantonades)

======================

Atarden els mots : núvol

càntic antic d'amor.

Tornar a la terra : a la platja : vent solar : infantesa.

Aforismes : vocals per consonants : ah! va dir : adormiment

(bé)

el mur desdibuixa ombres

fixes de dies

prims com paper. Després (   )

doncs

per què

per quelcom

només plou nu sobre

paper vers una porta encoberta ( ) ?

portada al diari :

"TROBEN UN INMIGRANT DESAPAREGUT".

Les tecles de la paraula descrita : ocells a les fulles

quan el vent parla :

parla pels arbres : els arbres ja ho feren pel vent : quan el vent parla per les

ones : la sorra ja ho farà per les veus.

Sargantanes cercant calor com la teva.

A la paret hi ha la

parla de res :

tothom tan sols :

les coses i els éssers :

remeis :

les distàncies han desaparegut : diuen :

n'hi ha el vell nesprer :

llegeixo la dansa : des d'aquí

ho veig : ningú se n'ha donat :

es pot parlar :

fa un temps estrany aquests dies : fa temps d'hores
crepusculars :

recollida de mots al vespre.

Maons tacats de

la cançó

del bon amor.

Que tornin els teus espais de roba :

per jugar al replà de l'escala : tremolor : la trucada : res més :

ara miralls : per perdre els somriure

de vidre dilatat: forats de jardí : ben lluny de tu a mi .

Petita estança : llimoners accesibles : una font raja dolça

sense augment sil·làbic : arguments d'accessoris

la faldilla tan precisa

l'he envoltat.

Enyor a tot allò no trobat. La núvia de l'exili.

Oració :

vigila el cel que no s'apagui : de la boira els buits omplen la

terra tonegue a la meitat.

Creix a mesura que avança el lluny

i les carreteres entortolligant-se : els murs desgruixats

amb camins de sargantanes : texts dels anuncis publicitaris :

el continu de finestres que conté ara la meva absència

Vaig arribar : a un terrat

des de mar :

on tothom era massa gran : on la terra acaba

per pujar i ningú

du curiositat de conèixer.

I ella?

Treballava cuinant per a gent que

no s'atrevia a arribar fins al gelós món aterrat.

Ella estén la roba: puja com un núvol i les nostres vides

al final de l'alfabet s'estimen. (Ahir)

la gent sent ploure. Després trepitjo els carrers

inerts quan no hi és. Invocats el retruny de les passes.

Me n'ensurto ullerós : plorós : dels cantons

i el seu crit d’il·lusió és un escrit : la veu que em salva :

sóc un nouvingut de la mar sense arrels.

Les nou vides : el gat cerca : complir : somnia : per trobar-la.

Oblidar la feina del penjar-i-despenjar-la-jaqueta

i obrir la sang dins la ferida del record.

Joies per proposar :

i entrar a la brusa dels botons desfets.

Llampeguen a la cuina on treballes

les culleres de fusta i metall.

Rebombori de presses.

Preludi conèixer de gom a gom el tremolor d'ones.

Abelles a la ciutat i sorra a les sabates : pàtina el terra.

Endrapar la beutat.

Tripijoc de núpcies

onsevulla que hi siguis arraulida.

Temps era temps d'ocells.

Un gat creient i un gos perdut.

La corba de l'univers

ja ha doblat el cos.

Transformada en objecte d'amor : en punt de mira.

Envolta la distància : roda rajolada : amunt núvols verinosos.

Gairebé quasi desconec :

despullar altres plaers :

fins tocar-los i no córrer : conversos fòssils

de marbre : i del mig a fugit de sí un món : mai vaig pensar :

em pensava : mai vaig somiar : em somiava :

ara :

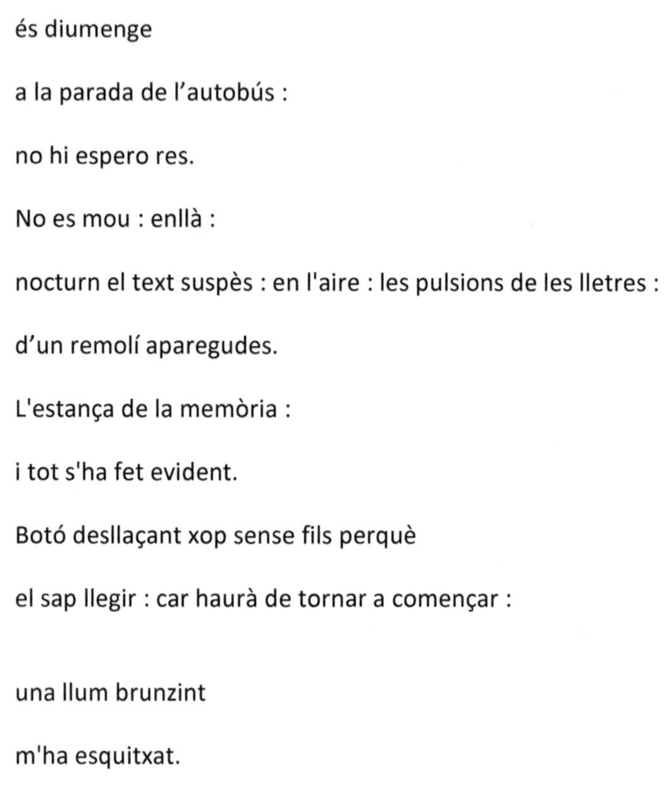

és diumenge

a la parada de l'autobús :

no hi espero res.

No es mou : enllà :

nocturn el text suspès : en l'aire : les pulsions de les lletres :

d'un remolí aparegudes.

L'estança de la memòria :

i tot s'ha fet evident.

Botó desllaçant xop sense fils perquè

el sap llegir : car haurà de tornar a començar :

una llum brunzint

m'ha esquitxat.

Però cap llibre

no parla del somriure lliure

i he maridat la soledat del terrat

dormo cada nit la malastrugança buida :

si no et trobo : el somni s'intriga :

si gires el full : l'esfera del rellotge a la plaça fecundarà les nits

que vindran :

i també : la veu que em fa aixecar els ulls :

la mateixa que em cridés : una veu nenuvolada:

és el so : l'eco :

surt quan ella volta.

Ja ho tens tot?

La quitxalla del veïnat

i els carrers assenyats

i els vianants adormits : perfum de gerani

i el seu pit roig i taronja.

M'agrada el gust de la llengua que no

parla : imaginar-me els mots oferint-se'm :

quan torni, entrarà al seu núvol: malgrat els filats que

s'estenen damunt la ment.

El nus nu l'hem nuat nosaltres

resseguint   l'ordre dels punts d'estels   i ens fan trobar coses :

com nosaltres : sense   la constància de la por

un gest sinuós

i em porta vers aquí i vers tu.

On, on, a on?

Desterrat ara

l'amor no onega : com els núvols : no et troba.

Es trastorna

el bassal

xop

desil·lusionat.

El soroll del quasi res :

no es sent més.

La noia que cuida la vellesa de l'escala

em busca.

La bellesa que em donà :

arrestat sense aire no entenc res :

parlo
una llengua trencada

i els poemes sense papers

m'han delatat que vivia en un terrat.

Terrat d'estels enterrats.

Lluna sense l’amant d’aire.

Reflex.

Reialme antic d'una reina d'aigua.

I personatges de fang esperant

el raigs de sol : l’arqueologia : Venus mutilada :

la geografia d'una ganyota.

De dolor on hi trobaràs un jardí

d'un hotel sense símbols.

El desert

de les veus ofegades :

estimar el viatge que passa pel teu cos.

La cerca a

prop del mar :

dels vaixells foradats :

vindrà de res i l'abandó de les dunes : la veu estriada : les cames de les mans

dibuixant paraules : els camins agafats dels mots.

Els mots tenen cura d'ensenyar els noms i la nàusea : trobador d'objectes.

Perdut que defineixen : desconegut : el que hi ha entre un lloc possible :

a l'únic lloc possible

Els braços ramificats i el llenguatge per dir arrels encaminades a un codi

d'atracció.

I un nus nu a la parla

que és una nosa.

Al principi d'alfabet el núvol posseeix la llengua : sense codis

per a desxifrar-la : no és extern a aquest codi : de terrats :

la llengua no és una llengua. Alguns mots : algunes estructures : reconèixer

alguns fragments : amb contacte s'acostaria

al món

una força que m'empeny.

Ara mateix.

La part més externa : envol l'obertura del coneixement : d'alt :

amb fulles d’una sola flor, i amb el fruit en càpsula :

a la regió del somnis.

El funambulista en temps present : la pluja porta arrecades sense pausa

d’ocells i sorolls a les orelles

seduint perquè llegeixi : en el parc urbà : cargols

de presó perpètua : serra capçant el bosc :

els verbs copulatius no poden salvar-nos : llums

d'amperes a la cuina sense fam : de poder

viure el terrat : de paraules assolellades. Encara disposo de mapes fiables

de l'univers proper que cobreixen l'espectre des de les ones :

únicament som.

És una situació suaument feixuga, "haver d'admetre

que no arribem a trobar l'univers".

Semitons. La galàxia recull

en un sol so la narrativa dels núvols

i deixo que els llavis lletregin

fonemes de la nuvolada llengua :

la mancança de l'ésser en el nexe que equival a una frase de

viatge.

Els bassals revelen els pensaments vocals : l'impossible.

Un foll somriure d'adéu. Sobretot : la reunió de un tot verbal.

Un oreig de palmeres conjunció que colltorça la meva presó.

He obert els ulls : penetro la remotíssima llunyania :

suaument.

Com el llençol del mar, i com aquests papers s'endinsa a la balma humida :

Dolcíssim : el teu record :   :

més que l'oblit i la son brunyida ara rere els

bardissars rajolats on no s'han trobat resultats de l'existència : de la nit :

s'endinsa en un parany : la matinada : s'endinsa

en el so i el desig de parlar-te : la llum del migdia : s'adreça per carreteres :

sense traça :

el llot i fang :

m'ha omplert : m'ha portat camí avall

Cant VIII

: : : :

======================

Els núvols han fet de mi un fugitiu :

el cèrcol canvia la data a un any molt llunyà :

i observant que la localització del pol celest

ja no està a prop del cel : enyoro el cos ennuvolat.

Obrir la finestra estableix temps.

  Qui m'ha acostat al núvol superb

del deler que m'empeny vers el trepig de les ombres?

perquè surti el sol

al terrat : escric : tinc

fred estic gelat d'aquesta distància.

Ràfega de pardals.

Notes nuades nusos naus i dunes nues

nòmades a la ciutat perduda.

Dissonància d'ones que ens mullen desafinadament.

Cant IX

quan es negui l'anterior : neguit :

======================

Plou

: : :   :   :   :   :   :   : :   : :   :   :
:   :   :   :   :   :   :   :   :
:   :   :   :   :   :   :   :
:   :   :

:   :   :   :   :   :
:
:
:
:   :   :   :   :   :   :   : :
:

!

Aquí : hi : trobaràs : la gramàtica de l'instant

de tant : en tant

els lladrucs dels gossos llunyants, i els panteixos dels arbres

de tant : en tant

l'aigua de l'aixeta : beguda en la foscor

per donar nom als núvols quan recorden
poemes com aquest.

Tinc el somni de la sorra

guardat a les sabates

cristalls amagats : enmirallats amb ones

i la casa que espera sortir

al jardí per llevar-se esgarrapant

parets de verbs :

arriba a la llar : els noms

de la memòria

amb tu fent un volt

la lluna planella

pel cos de paper

text de la brusa :

papallones que ululant el silenci

dins versos de nit : de cafè : els glops :

xàfec d'ocells vermells : ennuvolats :

a les arrecades de pluja

continua : un terrat : i : ones de terra : i :

              el teu cos :

dalt un llibre

anonimat : lector de núvols :

escorren reculls de troballes : les dones de l'escala

modulant les cames per marcar mesures :

esglaons : racons : teus :

mutilada : la Venus : i el soroll trencat :

arreplegat en el museu : de papers arrugats :

animàlia del saber : musa :

a les cúspides que creixen els :   : dies de lluna.

Diccionari de mots perduts :

àpex : confluència de les zones costal i marginal de les ales dels insects :

: terrat : extrem posat sobre una lletra : :

enjovat però enjovat : :

: mantell d'aigua : és ona : de :

signe gràfic : poligàmic : s :

proper : dilatable : núvol : dígraf : plural singular

: : fonema : :

ho diré / tot / però dexeu-me / l'instant / /varen

soldar / tot el truncat / trinxeres / que faran / armats /

cerco / llavis / plecs / i / desdir / tot / desbrullar / plèiades /

d'aquesta òrbita / de / coloms en un dia solar : tan sols lluna

( ))

: :

sobre llibre de l'aire i dels estels fixes :

: la constel·lació nebulosa : el teu cos : d'això i allò : a les cantonades.

(   ))

((   )

n ´ * * *

Sol : (***) : cel (***) : nit : (****)*

*(Nú(vols))

www.ingramcontent.com/pod-product-compliance
Lightning Source LLC
LaVergne TN
LVHW010939110826
845149LV00013B/2677

* 9 7 8 8 4 9 3 9 7 8 7 4 7 *